LETTRE A M. LE MINISTRE DE L'INSTRUCTION PUBLIQUE ET DES CULTES

SUR

L'ÉCONOMIE POLITIQUE

ET LE SOCIALISME

Par C. LEBRUN,

ancien magistrat, avocat.

> Dans notre pays très-routinier et très-peu entreprenant, toute nouveauté paraît longtemps une impossibilité.
> J. Simon, *l'Ouvrière.*

PRIX : 50 CENTIMES

PARIS

ARMAND LE CHEVALIER, ÉDITEUR

61, rue de Richelieu, 61

1871

LETTRE

A M. le Ministre de l'Instruction publique
et des Cultes

SUR L'ÉCONOMIE POLITIQUE
ET LE SOCIALISME

MONSIEUR LE MINISTRE,

Il y a quelques années, lorsque vous n'étiez encore que simple député de l'opposition, habitant le n° 10 de la place de la Madeleine, vous m'avez fait l'honneur d'échanger avec moi quelques lettres au sujet de vos ouvrages. Mais, depuis que vous êtes chargé du département de l'Instruction publique et des Cultes, vos multiples occupations et vos multiples collaborateurs ne permettent plus aux vœux des simples citoyens d'arriver jusqu'à vous. Voilà pourquoi je me vois contraint de recourir à la publicité.

Je lis dans un journal sérieux (*le Temps*) à la date du lundi, 15 novembre : « on dit de toutes parts que « M. Jules Simon se dispose à présenter un projet de « loi *d'ensemble sur l'Instruction publique* ; ce ne « sera pas trop tôt. »

D'un autre côté, il me souvient avoir lu dans votre circulaire aux préfets, au sujet des attributions du conseil départemental de l'Instruction publique, que vous préparez, pour le soumettre prochainement à l'Assemblée, un projet de loi sur l'*Instruction primaire*. Il est donc fort difficile de savoir à quoi s'en tenir. Cependant, le dire d'un ministre sur ses travaux me paraît de tout point préférable aux indications du journal le mieux informé. Le projet de loi en question concernera donc uniquement l'instruction primaire.

Et pourtant, je vous demande la permission d'envisager la question dans son ensemble, car je suis intimement convaincu que la force des choses, le besoin de mettre les institutions d'accord avec les progrès accomplis, amènera prochainement une refonte totale du système universitaire, de l'enseignement secondaire et supérieur, comme de l'enseignement primaire. On supprimera des délimitations factices et des cadres étroits ; on agrandira les programmes ; on ouvrira de nouvelles voies à l'activité privée, et peut-être dotera-t-on la France d'une réelle liberté d'enseignement.

Nul assurément, Monsieur, n'est plus compétent que vous en un tel sujet, ni plus capable de doter notre pays d'une bonne loi sur cette importante et délicate matière. Une chose m'inquiète pourtant : l'économie politique n'est-elle point encore oubliée? Réservez-vous dans votre programme une place si petite qu'elle soit, à cet enseignement si nécessaire ? J'ai le droit d'en douter, puisque votre projet de loi ne touche qu'à l'Instruction primaire, et que cette science a été jusqu'ici officiellement reléguée dans le domaine de l'enseignement supérieur. Cette omission me semblerait non-seulement inique, mais funeste.

Ne sachant au juste ni quel est l'objet, ni quelles sont les limites du projet de loi que vous élaborez, je me permets, Monsieur, d'appeler votre attention sur ce point capital, de vous signaler une lacune à jamais regrettable de l'Enseignement universitaire et d'appuyer mon dire de considérations d'une haute gravité qui ne seront point méconnues de l'auteur du beau livre l'*Ouvrière*.

Le grand mal de notre pays, chacun le reconnaît, la racine première de ses désastres, c'est l'ignorance, la légèreté, l'esprit de routine, l'absence de convictions fortes, de caractères indépendants et d'études sérieuses. La classe ouvrière, plus spécialement ignorante et passionnée, est livrée sans réserve à la domination de ses instincts et de ses convoitises. Comment instruire des gens pour qui le travail manuel incessant, est une des conditions de l'existence ? Comment parler science et théorie à des intelligences endormies qui jamais n'ont entrevu la région des principes, à des malheureux qui, le plus souvent, possèdent à peine les éléments de l'Instruction primaire ?

Et comment s'étonner que ces hommes, nos frères, confinés dans le monde matériel, et abrutis par un labeur tout mécanique se mettent à la remorque d'ambitieux ou d'insensés qui leur prêchent l'abolition du capital, le retour du sol à la propriété collective, la restitution des instruments de travail aux travailleurs ? Ce serait miracle qu'il en fût autrement.

L'ouvrier n'est-il pas, d'ailleurs, sur le terrain politique l'égal du maître? N'est-il pas inévitable que sa dépendance réelle lui pèse, l'aigrisse et que ne pouvant s'élever jusqu'à lui, il cherche à l'abaisser à son niveau?

Mais à cette naturelle tendance, il y a une autre raison tirée du développement même de la grande industrie. Jadis, l'ouvrier pouvait légitimement espérer devenir maître à son tour. Un modeste local, une *échoppe*, servant à la fois d'atelier et de boutique, lui suffisait à *s'établir*. Le travail sur commande le dispensait d'offrir au consommateur une grande variété d'objets confectionnés à l'avance. On ne connaissait pas alors ces fastueuses *devantures* de magasin, toutes de glaces et de dorures qui embellissent les rues de nos cités. Avec du travail et de l'économie, l'ouvrier pouvait améliorer son sort, se marier, élever ses enfants et arriver sinon à la fortune, du moins à l'aisance.

Aujourd'hui, il n'en va plus ainsi. Par suite du développement de la grande industrie, de la manufacture, de la confection et du luxe d'étalage, ces espérances lui sont interdites Le monde du bien-être, de la richesse, du loisir et de l'indépendance, lui semble fermé à jamais. L'outillage moderne est hors de proportion avec ses modestes ressources. Ces puissantes machines qui remplacent des milliers de bras, en tournant au service de l'homme la force incalculable des agents naturels, qui par l'économie de la main d'œuvre, la rapidité et la perfection de la fabrication, développent singulièrement la production, réduisent les prix, et accroissent le bien-être général, coûtent aussi fort cher, occasionnent des frais considérables d'achat et d'entretien, supposent une mise de fonds et des capitaux énormes.

En face de cette situation qui l'écrase, pénétré de son impuissance, l'ouvrier tombe dans l'anxiété, le découragement, l'imprévoyance, l'irritation. Il s'abandonne lui-même, devient paresseux, prodigue, débauché et buveur. Là, est la cause première de ce vice si commun l'ivrognerie, que les mœurs et non les lois pourront seules corriger. Aussi, avec quel crédule enthousiasme accepte-t-il les remèdes et panacées que de toutes parts lui offrent les charlatans et empiriques! On lui promet le bien-être au sein de l'égalité, la vie facile et attrayante, le travail amoindri et mieux rémunéré. On fait miroiter devant ses yeux affaiblis, la suppression du capital et de la propriété, la disparition de ce luxe inso

lent qui est une permanente insulte à sa misère ; on lui
promet une place au banquet social, l'égalité de fait et
de jouissance à côté de l'égalité de droits, et vous vou-
lez qu'il repousse ces décevantes chimères, qu'il éloigne
de ses lèvres la coupe empoisonnée du socialisme ! Mais
c'est vouloir qu'il soit un saint, un héros, quelque
chose de supérieur à l'humanité !

Entrez dans quelqu'une de ces sombres manufactu-
res où nuit et jour l'industrie fouette son esclave blanc ;
vous vous croiriez descendu dans l'antique Ténare, ou
parcourant un des cercles de l'Enfer du Dante : *Las-
ciate ogni speranza*. Là, durant dix, douze, quinze
heures par jour, devant des fours chauffés à plusieurs
centaines de degrés, les puddleurs s'épuisent à masser le
métal en fusion ; d'autres le passent au laminoir, l'éti-
rent, le battent, le transportent. Ceux-ci le rompent ;
ceux-là l'aiguisent ou le façonnent, tandis que d'autres,
cachés dans les entrailles de la terre, loin de la lumière,
de l'air, du soleil, de tout ce qui vivifie, charme et re-
conforte, vont au péril de leur vie, extraire la houille et
le minerai qui alimentent les hauts-fourneaux et four-
nissent le fer, ce nerf de l'industrie. Ces milliers d'hommes, sont là, noirs, suants, défigurés, courbés sous un
travail incessant, assujettis par la nécessité de vivre à
une tâche toujours la même, abrégeant leurs jours pour
allonger ou embellir ceux d'autrui. Ce sont bien là les
forçats du travail, ces ouvriers des bagnes de l'industrie !

Et ces gens ont une âme ; ce sont nos frères, des
créatures raisonnables faites à l'image de Dieu ; ce sont
les rois de la création ! Devant eux s'étend immense, au
delà du tombeau, une vie à venir. Pour eux, il y a des
devoirs, il y a des droits, il y a des vertus à acquérir et
des vices à combattre ! Puis, quand vient la morte sai-
son, quand vient le chômage, ces infortunés meurent de
faim, lentement, par centaines, en regrettant leur en-

fer. La pâle mort fauche incessamment dans leurs rangs éclaircis et jette son blanc linceul, signe de paix et d'oubli, sur leurs faces tourmentées et amaigries. Oui, pour eux, la mort et bien une libératrice, et il y a fête dans le ciel, et le roi d'en haut les reçoit dans son éternité sereine et lumineuse.

Mais ce ciel, ils n'y pensent pas ; mais cette autre vie qui illuminerait d'un rayon d'en haut leur sombre destinée, ils n'y croient plus ; mais Dieu, le Dieu bon et miséricordieux, ils le blasphèment ; pour eux le ciel est vide ; on leur a pris leur Dieu ! Et quand passe l'équipage du riche, ils l'envient peut-être, mais ne le maudissent pas. Et ce qui m'étonne, c'est la résignation de ces modernes esclaves, c'est qu'ils soient si calmes et soumis, quand ils pourraient être si forts et si terribles !

Oh ! celui-là est vraiment un homme divin, qui le premier dans la nuit antique, sous le régime de la force, de la spoliation, de l'esclavage, a osé glorifier la faiblesse et la pauvreté, disant: « Heureux les pauvres parce qu'ils verront Dieu ! »

A cette ignorance du peuple, à ce vide de croyances, à cette misère intellectuelle et morale, il faudrait opposer l'instruction religieuse, la prédication non pas catholique, mais chrétienne, mais évangélique, la diffusion des principes économiques, la pratique de l'association.

Permettez-moi, Monsieur, de clore ce sujet par une citation. — La religion à tous points de vue a une importance capitale. Longtemps encore elle sera la seule philosophie du peuple. Or, voici les graves paroles que laisse tomber un moraliste américain, Channing, qui a été un homme de génie et un saint : « Une forme de « christianisme plus pure, plus élevée est devenue nécessaire, une forme telle qu'elle devra se recommander « par elle-même à tous les hommes d'un savoir et d'un « sentiment profonds, comme étant la source réelle et

« l'instrument le plus efficace de l'élévation do l'âme,
« d'une morale puissante et d'un amour désintéressé.
« Le christianisme ne peut-être rétabli que par le dé-
« veloppement clair et saisissable de ses vérités essen-
« tielles et primitives. Un des moyens les plus sûrs de
« lui rendre sa force, c'est de le dégager de ses vieilles
« formes, de rompre avec cette habitude à peu près
« universelle, en France, qui l'identifie avec le catho-
«. licisme et le vieux protestantisme. Un autre moyen
« est de montrer sa parfaite harmonie avec l'esprit de
« liberté, de philanthropie, de progrès et de prouver que
« cet esprit ne peut recevoir son complet développe-
« ment sans emprunter l'aide du christianisme. L'iden-
« tité de cette religion avec la bienveillance la plus uni-
« verselle et le plus pur dévouement a surtout besoin
« d'être bien comprise. Aucune religion ne peut désor-
« mais prévaloir si elle ne se présente comme l'aliment
« de nos sentiments et de nos facultés les plus nobles,
« et à moins que le christianisme ne satisfasse pleine-
« ment à ces conditions, je ne peux faire des vœux pour
« son succès (1). »

Mais, je reviens à l'économie politique. Il importe,
Monsieur le Ministre, et il n'y a pas un instant à perdre,
qu'on apprenne au peuple par quels moyens la richesse
se produit et s'accumule ; suivant quelles lois elle se
distribue entre le travailleur et le capitaliste ; comment elle peut être détruite sans profit pour personne
ou consommée reproductivement par les individus et
par les gouvernements? Il importe d'enseigner à ce
peuple affolé d'utopies, l'existence de lois sociales naturelles, providentielles et indestructibles, qui, par une
merveilleuse dispensation, produisent tout à le fois la
prospérité des nations et le bien-être croissant des individus. Il faut, par des faits nombreux, par des exem-

(1) Channing, sa vie, ses œuvres, par M. C. de Rémusa. Correspondance
passim.

ples célèbres, lui faire toucher du doigt la toute puissance encore ignorée de l'association sous ses trois formes principales: association de *consommation* qui crée les capitaux par l'économie des frais généraux et la suppression du bénéfice du marchand; association de *crédit* qui met des instruments et moyens de travail aux mains des travailleurs; association de *production* qui applique à l'œuvre industrielle les capitaux créés, en vue de réaliser des bénéfices. Ce n'est qu'en instruisant le peuple des bienfaits incessants et méconnus de l'organisation naturelle qu'on le désabusera des chimères du socialisme et du danger des inventions sociales artificielles.

Mais qui donc éclaire le peuple sur tout cela? Qui se dévoue à lui faire comprendre ses vrais intérêts? Personne L'égoïsme, le froid et stérile égoïsme règne partout; partout la soif de l'or et la sensualité dévorante. — L'amour du peuple, le désintéressement le dévouement, le sacrifice, sont traités de chimères et de duperies. Dans ce monde vieilli, il n'est bientôt plus place pour les vertus, les croyances, les convictions fières et généreuses. Tout descend et s'abaisse d'un mouvement continu et irrésistible. Nous tournons dans un cercle de boue, comme les vieillards dans un cercle étroit d'égoïsme chagrin. Nous glissons sur une pente fatale, vers des abîmes inconnus.

Eh bien! voici que ce peuple délaissé par tous prend en main la direction de ses destinées. Il a conscience de sa force et de son droit. D'habiles flatteurs ont caressé ses instincts, allumé ses convoitises, lui ont prêché la haine de toute supériorité, la destruction du capital, la guerre sociale. Ils l'ont enlacé dans les liens souples et forts d'une association qui relie les travailleurs du monde entier, et par la puissance de son organisation, fait converger vers un but déterminé les capitaux et les efforts de plusieurs millions d'hommes.

« Quand tout le peuple des travailleurs sera solidarisé disent-ils, nous n'aurons qu'à nous lever, et la révolution sociale sera faite. » L'internationale est née, elle vit, s'accroît et menace. La commune de Paris a montré son indomptable énergie, sa soif de destruction, ses aspirations communistes et niveleuses. Bientôt la *caisse du sou* tiendra en échec les budgets des nations les plus prospères.

Voilà la situation avec ses imprévoyances, ses excès et ses dangers. Vous n'instruisez pas le peuple, il s'instruit à sa manière : le socialisme est l'économie politique des ignorants. Vous le dédaignez, il s'associe. Vous êtes la richesse et l'intelligence ; il est le nombre et la force. Contre lui, vous vous armez de lois d'exception ; il accepte le rôle de victime, il court au devant du lustre de la persécution. Vous vous isolez dans un inintelligent égoïsme ; il est uni, enregimenté et prêt à la mort pour la revendication de ce qu'il appelle ses droits. Prenez garde, ô mes concitoyens, le sol tremble, la marée monte et bientôt le flot irrité surmontera ses rivages.

§ — L'université et les classes instruites ont chacune, quoique diversement, contribué à acclimater chez nous le socialisme, l'une par ses programmes et la direction exclusivement greco-romaine imprimée aux études ; les autres par leur ignorance des questions sociales, leur indifférence pour le peuple, leur apathie intellectuelle et morale.

F. Bastiat a écrit un pamphlet, remarquable de verve et de raison piquante, sous ce titre : *Baccalauréat et socialisme*. Il y démontre aisément, en passant en revue le programme des études classiques et les auteurs proposés comme modèles à l'admiration de la jeunesse, que la littérature grecque et romaine, expression de sociétés constituées tout entières sur l'abus de la force, l'esclavage, la spoliation, l'horreur du travail, est émi-

nemment propre à fausser les idées, à jeter les esprits
hors des voies de la société moderne, fondée tout
au contraire sur la libre initiative, le travail, l'industrie, la propriété. Par nombre de citations choisies
de Bossuet, de Fénélon, de Rollin, etc., Bastiat n'a
point de peine à montrer cette influence étrangement
coruptrice de l'étude de l'antiquité, même sur les plus
grands génies, sur les plus chrétiens et dont les chefs-
d'œuvres se trouvent dans toutes les mains.

« Relativement à la *société*, dit-il, le monde ancien
a légué au nouveau deux fausses notions qui l'ébran-
lent et l'ébranleront longtemps encore. L'une : *que la
société est un état hors nature, né d'un contrat* —
L'autre, corollaire de la précédente : *que la loi crée les
droits* et que, par suite, le législateur et l'humanité
sont entr'eux dans les mêmes rapports que le potier
et l'argile. Minos, Lycurgue, Solon, Numa, avaient fa-
briqué les sociétés crétoise, lacédémonienne, athé-
nienne, romaine. Platon, était fabricant de républiques
imaginaires devant servir de modèles aux *futurs instituteurs des peuples et pères des nations.* »

« Remarquez-le bien, ces deux idées forment le ca-
ractère spécial, le cachet distinctif du *socialisme* en
prenant ce mot dans le sens défavorable et comme
la commune étiquette de toutes les utopies sociales. »

« Quiconque ignorant que le corps social est un ensemble de lois naturelles, comme le corps humain,
rêve de créer une société artificielle et se prend à ma-
nipuler à son gré, la famille, la propriété, le droit, l'humanité, est socialiste ; il ne fait pas de la physiologie,
il fait de la statuaire ; il n'observe pas, il invente ; il
ne croit pas en Dieu, il croit en lui-même : il n'est pas
savant, il est tyran ; il ne sert pas les hommes, il en
dispose ; il n'étudie pas leur nature, il la change, suivant le conseil de Rousseau. Il s'inspire de l'antiquité ;

il procède de Lycurgue et de Platon, et pour tout dire, à coup sûr, il est *bachelier*. »

Et si l'on objecte que le socialisme a envahi les classes qui n'aspirent pas au baccalauréat, nous répondrons avec M. Thiers (rapport sur la loi de l'instruction secondaire, 1844, cité par Bastiat): « L'instruction secon-« daire forme ce qu'on appelle les classes éclairées « d'une nation. Or, si les classes éclairées ne sont pas « la nation toute entière. elles la caractérisent. Leurs « vices, leurs qualités, leurs penchants bons et mauvais « sont bientôt ceux de la nation toute entière; elles « font le peuple lui-même par la contagion de leurs « idées et de leurs sentiments (très-bien). »

Ainsi, Monsieur le Ministre, l'instruction exclusivement grecque et latine donnée dans les lycées fausse les esprits, les incline au socialisme, les détourne des voies modernes et des principes chrétiens de fraternité, de liberté, d'égalité sur lesquels reposent les sociétés civilisées. Qu'était la célèbre Sparte, sinon le Phalanstère de Lycurgue?

L'économie politique seule pourrait faire contrepoids à ces tendances. Mais partout on la traite en étrangère, en ennemie; on se met en garde contre elle. Paris possède quatre chaires de cette science, et la province aucune. — Et s'il est vrai que l'éducation façonne un peuple ; qu'elle soit le moule où intellectuellement et moralement se coulent les générations et où elles reçoivent leur forme définitive, comment s'étonner que nous soyons un peuple guerrier et conquérant, que les préjugés contre le travail subsistent encore ; que les hautes classes soient si attardées, qu'elles ignorent si profondément les questions sociales et le mécanisme naturel des sociétés? Les hommes instruits sentent vaguement le danger du socialisme, du communisme, de toutes les utopies sociales; mais sont impuissants à les réfuter. Les principes leur manquent; l'analyse des faits économiques leur est étrangère. Comment donc s'étonner que même dans leurs rangs, le socialisme compte de nombreux adeptes? Il semble que la Commune de Paris et la permanente menace de l'Internationale devraient dessiller les yeux des moins clairvoyants. Mais nous sommes tellement contents de nous-mêmes, tellement façonnés à la routine et habitués à nous repaître de mots, que cette sanglante démonstration ne changera peut-être rien au cours ordinaire des choses, et que, retournés à l'enfance par la décrépitude, nous tomberons dans l'abîme de l'anarchie avec l'insouciante gaîté et la folle imprévoyance du jeune âge. — Pour nous du moins, nous aurons, selon nos forces, signalé l'écueil et accompli notre devoir de citoyen.

Les gouvernements eux-mêmes, vous le savez, Monsieur le Ministre, ont été à leur insu complices de cette sorte de conspiration de l'ignorance et de cette direction malsaine qui pousse les ouvriers au socialisme. Ils ont puissamment aidé à accréditer auprès des masses cette notion désastreuse que le bonheur individuel ne peut résulter que d'une impulsion d'en haut, d'une refonte générale de la société sur des bases meilleures, de la suppression de la liberté et de la concurrence, de la réglementation du travail et des salaires, en un mot, d'une organisation sociale artificielle.

La centralisation non-seulement politique, mais surtout administrative, portée à l'excès ; le système de la tutelle à outrance de l'Etat n'est qu'une application du socialisme, et la plus féconde peut-être en pernicieux résultats.

Qu'est le socialisme? sinon la concentration de toutes les forces vives de la société, de tous les capitaux, instruments et provisions entre les mains de l'Etat chargé d'en opérer la répartition, suivant les capacités et les œuvres de chacun ? C'est la formule de St-Simon. Louis Blanc absorbe les terres et les capitaux au profit de tous et concentre le pouvoir de diriger souverainement les travaux, de disposer des choses et des personnes, dans les mains des administrateurs suprêmes de la communauté.

Et qu'est le communisme, sinon le terme logique du socialisme, l'organisation artificielle poussée jusqu'à la mutilation de l'individu, jusqu'à la suppression des instincts les plus vivaces de la nature humaine, jusqu'à la spoliation de chacun par tous? « Le communisme, disait Proudhon, c'est la glorification de la police, et le Phalanstère, ce microcosme de Fourrier, n'est que le dernier rève de la crapule en délire. »

Or, s'il vous plaît, qu'est l'Etat moderne centralisé, gouvernant tout, accaparant tout, s'ingérant partout sous une forme ou sous l'autre, servi par une armée de fonctionnaires irresponsables en fait, militaires civils inféodés au pouvoir par la nomination, l'avancement la décoration, etc...? Qu'est l'Etat-Providence, sinon le socialisme en action ?

Napoléon Ier, grand homme de guerre et socialiste de génie transporta dans la société civile ses habitudes de commandement, détruisit les derniers vestiges de la liberté politique et fit de la France une armée obéissante et passive sous la main du maître. Sa plus grande faute, peut-être, fut le décret de Berlin et l'établissement du blocus continental, qui lui aliéna tous les peuples dont la coalition entraîna sa perte. Ce n'est jamais impunément qu'on viole les lois sociales naturelles. « C'est l'ignorance de l'économie politique, écrit J.-B. Say, qui a conduit Bonaparte à St-Hélène. Il n'a pas senti que le résultat inévitable de son système était d'épuiser les ressources et d'aliéner les affections de la majorité des Français. »

La Restauration trouva le moule administratif et gouvernemental de l'Empire trop commode pour y changer. Elle se borna à y couler ses tendances cléricales et rétrogrades qui amenèrent l'explosion de 1830.— Louis Philippe ne toucha pas à la centralisation excessive que lui léguaient les âges précédents. L'abaissement du sens électoral fit surgir la bourgeoisie au pouvoir ; mais elle était trop égoïste, trop uniquement préoccupée de ses intérêts matériels pour s'inquiéter sérieusement des questions sociales, du peuple et de la liberté. Comme l'a dit un historien : « Le pays légal et le gouvernement semblaient prendre à tâche de se préserver de toute vérité, et on en arriva à ce point que personne dans les rangs élevés de la société ne connut plus l'état vrai du pays. Il a été constaté que de 1830 à 1848, tout l'effort du gouvernement pour résoudre les questions d'amélioration sociale, s'est borné à trois circulaires relatives au paupérisme, adressées par le Ministre de l'Intérieur aux préfets, et restées dans les cartons de l'Administration (1). »

La révolution de 1848, assaillie par le socialisme, n'a eu ni le temps d'agir, ni une conscience assez nette de sa véritable mission. Elle a autorisé les prédications du Luxembourg, admis le droit au travail, et imprudemment ouvert les ateliers nationaux dont la fermeture précipitée a entraîné la catastrophe des journées de juin.— Mais la révolution de 1848, toute généreuse et magnanime qu'elle a été, n'a pu ni démonter la vieille machine autoritaire, ni émanciper la commune et l'individu, ni acclimater en France la liberté.

Le second Empire, plus habilement despotique que le premier a été fondé par un socialiste, l'auteur de l'*extinction du paupérisme* par voie d'autorité. La reconstruction de Paris n'a été qu'un système déguisé d'ateliers nationaux, une reconnaissance implicite du droit au travail. La commune de 1871 est le pendant des journées de juin. Sous ce régime d'étouffement et

____

(1) Dan. Stern, *Rév. de 1848.*

de coups d'Etat, la pratique des candidatures officielles a complété l'investissement légal de la liberté, et la victoire officielle de l'arbitraire administratif.

Comment, Monsieur, l'exemple ne serait-il pas contagieux quand il tombe de si haut? Lorsque les gouvernements donnent l'exemple de l'universel accaparement, de la violation résolue des droits les plus sacrés de la personne humaine, de la liberté et même de la propriété (par l'abus de l'expropriation et les confiscations arbitraires) ; quand les scandales financiers s'ajoutent aux scandales moraux et littéraires ; quand de près ou de loin, directement ou indirectement, de gré ou de force, tout relève de l'Administration et des bureaux ; que seul, l'Etat est sage, éclairé, prévoyant, omniscient ; que seul il distribue places, honneurs et priviléges ; qu'il façonne à sa guise les esprits, par l'université, les grades et les examens ; les âmes par un clergé fonctionnaire et asservi ; qu'il dispose des personnes et des biens par une magistrature nommée par lui, récompensée par lui seul ; quand une armée permanente vouée à l'obéissance passive, instrument aveugle et insconscient de ses volontés, lui sert à étayer un pouvoir surpris par la force et la ruse ; comment serait-il possible que le peuple nourri dans cette atmosphère socialiste, en face de cette permanente leçon de socialisme, ne devint pas ce que vous lui reprochez d'être, et ne crut pas à la toute puissance de l'Etat pour faire son bonheur ?

A cette situation extrême, il y a deux remèdes possibles, la force où la lumière, le sabre ou l'instruction, prévenir ou réprimer.

Il importe de ne pas s'y méprendre, les prédications socialistes ont fait leur chemin. La guerre au capital, ce nerf de la production, ce coefficient du progrès, cet agent essentiel de tout perfectionnement individuel ou social, est aujourd'hui déclarée par une armée nombreuse, disciplinée et aguerrie. Mort à la religion, à la propriété, à la famille : voilà sa devise. Les Prussiens du capital ont sur vous, propriétaires, les mêmes avantages que naguère les Prussiens de Bismark. Ils sont nombreux, organisés et marchent à un but connu, en rangs serrés, comme un seul homme.

Dès à présent donc, il est urgent, indispensable, d'enseigner l'économie politique dans les lycées, les écoles normales et professionnelles, afin que familiarisés avec cette science, les maîtres et les générations nouvelles en répandent les principes, en popularisent les enseignements et les applications.

Mais, tout en préparant l'avenir, ne négligeons pas le présent. Après avoir, pendant les dernières années de la Restauration et le règne de Louis-Philippe, sourdement couvé dans les bas-fonds de la société, les systèmes communo-socialistes ont fait avec éclat leur entrée sur la scène politique en 1848. Ils ont réclamé le droit au travail, le droit au crédit, le droit à l'assistance, le droit à l'instruction, tout autant d'atteintes mortelles portées à la propriété. Accordez-moi le droit au travail, disait Proudhon, et je vous abandonne le droit de propriété. Des publicistes de talent, des milliers de livres, de brochures, de journaux ont propagé parmi les ouvriers la haine de l'*infâme capital*, en même temps qu'ils leur ont révélé la puissance de l'association. L'internationale s'est emparée de cette force immense négligée par d'autres ; elle l'a convertie en une vaste machine de guerre contre la société actuelle et sa constitution nécessaire. Elle a rattaché les uns aux autres et unis en un faisceau formidable tous les intérêts, toutes les souffrances, toutes les rancunes, toutes les convoitises. Contre elle, les lois seront impuissantes, la répression inefficace et compromettante. L'ordre social est en péril : Caveant consules !

J'arrive à conclusion. Seule, l'association peut lutter

efficacement contre l'association. Que les bons citoyens se liguent, s'organisent et déploient drapeau contre drapeau ! Que des cours populaires, que des conférences d'économie politique s'ouvrent à la fois, sur tous les points du territoire. Que l'université (puisque l'on s'obstine à replâtrer ce moule vieilli du despotisme), astreigne les instituteurs et maîtres à suivre des cours aux chefs-lieux de département ou de canton et à propager l'enseignement économique dans les villes, campagnes et hameaux par des cours d'adultes. Imitons, en un péril bien autrement grand, la célèbre agitation anglaise pour la réforme des lois céréales. Inondons le pays de brochures, de livres, de journaux, de manifestes. Que des réunions publiques, des *meetings* s'organisent partout. Que l'on réimprime et distribue à milliers les sophismes et pamphlets de Bastiat, l'a-b-c du travailleur d'Edmond About, le catéchisme d'Economie politique de J.-B. Say, le manuel de morale et d'économie politique de J. Bapet, etc., etc. A l'œuvre ! à l'œuvre ! C'est le seul moyen d'éviter la guerre sociale imminente, la ruine et peut-être le démembrement de la patrie. Bientôt les catastrophes et non la tribune nous rediraient le mot fatalement célèbre: il est trop tard !

Je suis certain, Monsieur le Ministre, que la plupart de ces mesures auront votre approbation, au moins tacite. Je suis assuré que le silence que vous gardez depuis votre entrée au ministère, cache de grandes pensées, des méditations profondes et de sérieuses réformes. L'opinion publique attend, confiante et éveillée; car elle se souvient de votre passé, et elle n'a point oublié ce mot de Leibnitz : « donnez-moi l'enseignement et je suis maître du monde. » Du reste, noblesse oblige, et quand on a écrit de si beaux livres sur la liberté et sur les misères du peuple, on est tenu de confirmer ses théories par des actes, d'attester ses convictions par des

— 18 —

résolutions. L'auteur de *l'Ouvrière* ne saurait rester
indifférent au sort de ceux qu'il connaît si bien, et je
ne puis que m'associer à ces nobles paroles : « Loin de
« traiter les ouvriers en mineurs et en incapables, hâtons-
« nous d'en faire des hommes. Il y a pour cela trois
« moyens : développer chez eux le sentiment de la
« responsabilité individuelle ; fortifier leur volonté par
« l'éducation, le travail et l'épargne ; les rattacher aux
« intérêts généraux de la société en leur facilitant
« l'accès de la propriété. » (J. Simon, *l'Ouvrière*.)

Car la propriété est la condition nécessaire de la liberté. « Le problème de l'affranchissement du prolétaire,
« dit Lamennais, consiste dans la détermination des
« moyens par lesquels il pourra se créer une pro-
« priété. » (1).

Ces moyens peuvent se ramener à quatre qui com-
prennent tous les autres : l'instruction, le travail, l'association, l'épargne. L'instruction est le premier anneau
de cette chaîne qui se soude au portefeuille de l'instruction publique. L'association me paraît le stimulant le
plus énergique du travail, du crédit, de l'épargne, du
bien-être. C'est le dernier mot de la science économique actuelle appliquée aux questions ouvrières. C'est
ce point d'appui du levier d'Archimède avec lequel on
peut soulever le monde.

Pour moi, Monsieur le Ministre, j'ose dire que longtemps avant l'atroce guerre civile qui a terrifié la
France, j'avais compris l'importance de cet ordre de
questions. Sous le ministère Duruy, en plein empire,
j'ai fait avec autorisation, (il en fallait alors pour tout),
un cours public et gratuit d'économie politique, qui a
eu des auditeurs. Cet hiver, à Bône (Algérie), ville de
20,000 âmes, où j'étais juge, j'ai ouvert au nom de la
ligue de l'enseignement des conférences publiques sur

(1). De l'esclavage moderne.

ces matières. Peu après, j'avais l'honneur de vous écrire longuement pour réclamer contre l'ostracisme dont est si injustement frappée la science de la richesse. J'espérais que la République serait pour elle plus clémente et plus juste que l'empire. Pour donner une forme pratique à mes idées, je vous soumettais même un projet de décret sur l'organisation de cet enseignement, et apportant le sacrifice de ma carrière à l'appui de mes paroles, j'offrais d'échanger ma place de juge contre une chaire d'économie politique, même en Algérie. Récemment, Monsieur, et à coup sûr, je vous l'apprends, j'ai cherché à obtenir de vous une audience, afin de vous signaler après tant d'autres l'urgence de réformes à cet endroit. Mais par un effet de l'admirable centralisation dont nous jouissons, les ministres mêmes de la République sont généralement invisibles, et il ne m'a pas été donné de pénétrer jusqu'à vous. J'en ai été constristé, car j'avais présent à la mémoire cette sorte de testament d'un économiste aussi éminent par le cœur que par le style et la pensée : « C'est un malheur irréparable que les gouvernements qui se sont succédé en France, aient toujours mis obstacle à l'enseignement de l'économie politique. » (Bastiat, harmonies ec.)

Je souhaite que la République ne suive pas ces errements et que, gouvernement de liberté, elle favorise une science dont la devise déjà ancienne est : *Laissez faire et laissez passer*, dont le dernier mot est progrès et liberté. En tout cas, ce que les gouvernements ne font pas, les individus doivent le faire. Il est de ces droits inaliénables et imprescriptibles, dont l'exercice est toujours salutaire, dont le non-usage est souvent périlleux.

Dispensé aujourd'hui, Monsieur, de faire le sacrifice de ma carrière, puisque votre collègue de la Justice a pris soin de me faire des loisirs inattendus :

Nobis hæc otia fecit, o Melibœé, Deus.

Disgracié par l'empire, dédommagé par là République, disgracié à nouveau par un ministre républicain, je commence à me fatiguer de ces perpétuelles fluctuations, et je me propose de consacrer ce que le ciel m'a départi de forces et d'intelligence à la réhabilitation de cette grande oubliée, l'économie politique. J'espère bientôt pouvoir ouvrir dans un centre manufacturier, un cours pour les ouvriers, sur les questions ouvrières. Et puisqu'il est reçu, Monsieur, qu'un ministre défasse ce qu'a fait son prédécesseur, je veux espérer que vous doterez enfin la France d'un enseignement officiel et complet de la science de la Richesse et de l'Echange.

A mon sens, la question politique se résout dans la question sociale. Le suffrage universel, cette dynastie des Républiques, ne sera libre, intelligent, maître de soi qu'autant qu'il sera éclairé ; il ne sera instruit et éclairé que si l'ouvrier parvient à acquérir quelque capital, moyen de tout loisir et de toute culture intellectuelle. — Les questions sociales sont désormais impérieusement inscrites à l'ordre.du jour des réformes, des études et des solutions. Pour tout esprit clairvoyant, c'est là seulement qu'est l'apaisement des passions, la fusion des intérêts, la réconciliation des classes, le retour à la force dans l'unité, le salut et la rénovation de la patrie.

Veuillez, Monsieur le Ministre, agréer l'expression de mon profond respect.

C. LEBRUN,

ancien magistrat, avocat.

Chilly-le-Vignoble (Jura), ce 30 novembre 1871.

Imp. Henri Damelet, à Lons-le-Saunier (Jura).